PRODUCTIVITÉ 23 CONSEILS PUISSANTS

PRODUCTIVITÉ

23

CONSEILS

PUISSANTS

CONTENU

1. Établissez un plan de match!
2. Réduction des distractions
3. Que devez-vous faire en premier?
4. Exercice d'autodiscipline
5. Vous pouvez faire l'impossible
6. Motivation accrue
7. Ne laissez pas les revers vous déprimer!
8. Soyez axé sur les objectifs
9. Faites attention!
10. Pourquoi s'organiser est essentiel
11. Quand vous devez déléguer
12. Évitez l'épuisement
13. Les fournitures sont un facteur
14. Un état d'esprit positif

15. Résister à la négativité

16. Tâches pour votre objectif

17. À propos de vos collègues et employés

18. Encouragement personnel

19. Résister au sur-étirement

20. Pourquoi avez-vous besoin de déstresser

21. Définissez et classez vos priorités

22. Faites preuve de bonnes compétences en communication

23. Les stratégies sont appropriées partout!

1. Établissez un plan de match!

Un facteur que tous les gens qui réussissent ont en commun est la gestion efficace du temps. Vous préférerez peut-être l'appeler structure, définition de la tâche ou plan de match. Tout mot ou terme qui vous convient est bon. Tant que vous le prenez au sérieux et le mettez en pratique, vous créez l'un des principes de base de la productivité.

Il est peut-être bon d'y réfléchir, et de se demander pourquoi ce facteur est si essentiel à la réussite. Peut-être pouvez-vous commencer par penser au contraire : des moyens qui ne fonctionnent pas. Même si vous avez une très petite tâche à accomplir, si vous ne gérez pas correctement votre temps, vous risquez de l'accomplir trop tard ou pas du tout. Il se peut que vous travailliez jusqu'à une date limite ou que vous ayez une tâche que vous n'avez pas de délai précis pour accomplir. Si vous n'avez pas de plan de match pour le faire, les résultats ne seront pas satisfaisants. Si les retards et les pertes de temps entravent la productivité, l'absence de gestion efficace du temps peut être tout aussi destructrice.

Pour augmenter votre productivité et faire avancer les choses, il faut avoir un bon plan de match. Tout d'abord, vous devez savoir exactement ce qui doit être fait. Deuxièmement, même si vous n'avez pas de date limite précise, vous devez également décider du moment où il faut le faire. La troisième étape consiste à s'atteler à la tâche de le faire.

Vous voulez atteindre vos objectifs, qu'ils soient à court ou à long terme. Vous voulez aussi être fier et satisfait des résultats. Lorsque vous ne vous contentez pas de suivre le mouvement et que vous prenez votre plan de match au sérieux à chaque étape, le succès, la fierté et la satisfaction sont presque garantis.

La structure et la gestion du temps peuvent être faciles si elles ont fait partie de votre vie. Si vous n'êtes pas habitué à ces concepts, il est temps de les mettre en œuvre dans votre vie quotidienne. Que vous créiez votre propre entreprise, que vous travailliez pour quelqu'un d'autre ou que votre travail consiste à vous occuper de votre famille, vous obtiendrez de nombreux avantages et récompenses en établissant un bon plan de match.

Si vous avez déjà eu le sentiment qu'il n'y a pas assez d'heures dans une journée pour faire tout ce que vous devez faire, ce sera une étape très positive pour vous. Vous serez agréablement surpris de tout ce que vous pouvez accomplir. Avec un plan de match, vous pouvez vous retrouver à faire plus chaque jour que ce que vous faites normalement en une semaine. Non seulement vous serez plus productif, mais la réalisation de chaque objectif sera beaucoup plus facile.

2. Réduction des distractions

Il y a peu de choses qui bloquent la productivité aussi rapidement et sûrement que les distractions. Lorsque vous ne pouvez pas vous concentrer et vous concentrer correctement, vous ne pouvez pas faire avancer les choses. Même si vous accomplissez quelque chose, cela peut être stressant et frustrant. Que vous soyez au travail, à l'école ou dans votre domaine, réduire les distractions qui influencent votre capacité à être productif vous aidera à être plus performant.

Il y a deux points clés à garder à l'esprit lorsque vous prévoyez de réduire les distractions dans votre environnement. Le premier point est que ce qui fonctionne pour vous et ce qui fonctionne pour quelqu'un d'autre peut être complètement différent. Le deuxième point est que si vous n'avez pas examiné vos habitudes, vous ne serez peut-être pas sûr à 100 % de savoir quelles habitudes sont les plus efficaces pour vous. La bonne nouvelle est qu'il ne faut pas beaucoup de temps ni d'efforts pour examiner comment vos habitudes affectent votre productivité, et pour commencer à les ajuster en conséquence.

Si vous êtes comme la plupart des gens de nos jours, le multitâche fait désormais partie de votre vie quotidienne et de votre vocabulaire de tous les jours. Il se peut que vous deviez faire un certain nombre de choses dans une journée et que vous les fassiez simultanément. Si vous en faites trop avec le multitâche, il peut y avoir deux conséquences. Il se peut que vous ne fassiez pas tout, ou que cela dure trop longtemps et n'aboutisse pas à des résultats satisfaisants.

Il en va de même pour les distractions. Essayer de faire un travail, et le faire correctement et bien, ne donnera pas de résultats satisfaisants si vous laissez les distractions vous gêner. Travailler en écoutant de la musique, en regardant la télévision ou en discutant au téléphone n'est pas réservé aux adolescents. Beaucoup d'adultes font ces choses dans leur bureau à domicile, et même dans un bureau occupé par d'autres personnes. Ils peuvent vous aider à vous concentrer, mais ils peuvent tout aussi bien vous déconcentrer et vous distraire de ce que vous faites. Pour être plus productif, il faut analyser ses habitudes. Vous pouvez désactiver une partie ou la totalité de ces distractions et voir si vous pouvez mieux vous concentrer sur la tâche à accomplir. Vous constaterez peut-être que vous pouvez faire le travail mieux, plus rapidement et plus efficacement sans aucune distraction. D'autre part, vous pouvez constater que l'un de ces facteurs favorise en fait votre concentration.

S'il est facile de trouver ce qui vous convient si vous travaillez seul, cela peut être un peu plus compliqué si vous travaillez avec d'autres. Les collègues qui utilisent constamment leur téléphone, se rendent à votre lieu de travail ou écoutent leur radio à proximité peuvent vous distraire de votre concentration. Si vous les approchez poliment, cela peut suffire à réduire les distractions pour que vous puissiez vous concentrer sur votre travail.

3. Que devez-vous faire en premier?

Si vous pensez à l'époque où vous étiez à l'école, vous vous souvenez que les enseignants vous disaient que la meilleure façon de s'attaquer aux devoirs et autres projets était de faire d'abord le plus difficile. Ils peuvent également vous avoir conseillé de vous attaquer à la tâche qui vous déplaisait le plus avant de continuer. Cette même approche peut grandement améliorer votre productivité aujourd'hui.

Lorsque vous vous apprêtez à commencer une nouvelle journée de travail, essayez de commencer à mettre en œuvre cette approche. Au lieu de commencer par une tâche que vous aimez ou que vous trouvez facile, commencez par une tâche que vous n'aimez pas ou qui vous semble assez difficile. En fin de compte, vous pourriez être agréablement surpris par ce que vous avez accompli. Vous aurez également l'impression que la journée s'est déroulée beaucoup plus facilement.

L'une des raisons en est que vous aurez plus d'énergie au début de votre journée de travail. Lorsque vous consacrerez cette énergie à des tâches plus difficiles ou désagréables, vous ne vous sentirez pas aussi épuisé ou frustré de les accomplir. Une deuxième raison est que si vous commencez par des tâches qui vous plaisent, vous vous retrouvez souvent à envisager de manière très négative celles que vous n'aimez pas. Au lieu de profiter des tâches les plus faciles pendant que vous les accomplissez, vous redoutez celles qui vous attendent. Lorsque vous ferez les tâches les plus difficiles en premier, non seulement vous aurez plus d'énergie pour le reste de la journée, mais vous apprécierez aussi davantage les autres tâches lorsque vous les accomplirez.

Cette approche vous permettra d'accroître votre productivité. Si vous ne considérez pas votre journée de travail comme une longue et pénible bataille, vous obtiendrez davantage. Si vous commencez par les tâches que vous n'aimez pas, au début de la journée, vous obtiendrez de meilleurs résultats avec toutes vos tâches. Non seulement vous obtiendrez davantage, mais vous serez beaucoup plus satisfait du résultat de chaque tâche.

Bien qu'il soit dans la nature humaine de vouloir faire ce qu'on aime en premier, le fait d'avoir les choses les plus difficiles à l'horizon peut vous ralentir et drainer votre énergie. Si vous voulez être plus productif et obtenir les meilleurs résultats dans tout ce que vous faites, suivez les conseils de vos professeurs et attaquez-vous d'abord aux tâches les plus difficiles. Votre productivité augmentera et vous terminerez chaque

 PRODUCTIVITÉ 23 CONSEILS PUISSANTS

journée avec un sentiment d'accomplissement rafraîchissant.

4. Exercice d'autodiscipline

L'autodiscipline est un facteur essentiel de productivité et de réussite. Sans elle, on devient paresseux, démotivé et dépendant des autres. Le manque d'autodiscipline rend également difficile les rapports avec les employés, les patrons ou les collègues.

S'autodiscipliner, c'est, à l'ancienne, se mettre au travail. Vous devez savoir ce qui doit être fait, quand et comment le faire. Une bonne autodiscipline comprend un calendrier ou un cadre de base de ce qui doit être accompli dans une période de temps spécifique.

Cependant, être trop rigide avec l'autodiscipline n'augmente pas la productivité. Elle peut même la diminuer. Si vous ne vous accordez aucune pause pendant la journée de travail, ou s'il n'y a pas de marge d'erreur, les attentes que vous vous fixez sont trop rigides. Au lieu de faire plus, ou de faire plus dans un laps de temps plus court, elle peut vous donner un sentiment de frustration par rapport à vos tâches et à votre travail.

Si vous avez appris l'autodiscipline très tôt dans votre vie, vous n'aurez probablement pas de difficultés maintenant. En revanche, si vos années scolaires et votre vie familiale étaient trop rigides, ou si l'on attendait peu de vous, c'est le bon moment pour en prendre l'habitude. Vous avez peut-être réussi à traverser vos premières années sans avoir un bon sens de l'autodiscipline, mais ce sera une entrave à votre carrière.

Une bonne façon de commencer à cultiver l'autodiscipline est de reconnaître ce dont vous êtes responsable. Vous pouvez commencer par prendre la responsabilité de faire le travail correctement et à temps. Si ce concept est relativement nouveau pour vous, vous devez également reconnaître que des erreurs se produisent et être capable de les corriger sans frustration excessive.

L'autodiscipline consiste également à ne pas se laisser distraire par des distractions et des activités qui font perdre du temps. Bien que vous puissiez avoir besoin et mériter une courte pause pendant votre journée de travail, vous ne pouvez pas l'enlever à votre travail. Lorsque vous aurez pris l'habitude de vous discipliner, il vous sera plus facile de mener à bien vos tâches. Elles seront bien faites et à temps. Vous augmenterez votre productivité et cela vous aidera à vous rapprocher de la réussite.

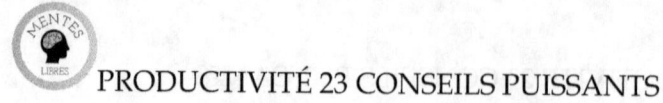

5. Vous pouvez faire l'impossible

Si vous avez déjà eu à accomplir tant de tâches différentes, ou des tâches qui semblaient être au-delà de vos capacités, vous savez ce que c'est que de sentir que c'est impossible. Lorsque ces types de tâches relèvent de votre responsabilité, vous pouvez les aborder de manière positive. Vous constaterez peut-être que vous pouvez vraiment faire l'impossible.

Parfois, vous pouvez considérer des tâches comme impossibles parce que vous êtes submergé par la quantité de travail à effectuer en peu de temps. Même si chacun d'entre eux est assez simple, ils peuvent représenter une montagne de travail que vous ne pouvez raisonnablement pas espérer terminer. Cela peut arriver. Elle prend plus de temps que vous ne pouvez en supporter, ou lorsque des "surprises" inattendues surviennent sans préparation adéquate.

Une approche positive de la situation décrite ci-dessus consiste à être raisonnable quant à ce que vous pouvez faire dans un premier temps. Si vous en prenez trop, c'est à cause de problèmes tels que

- Un besoin financier.
- Essayez de bien paraître pour votre patron.
- Surmonter un collègue de travail.

L'évaluation préalable de vos capacités peut éliminer ce problème. Une approche efficace de cette situation consiste à apprendre à établir des priorités. Si une tâche ou un projet inattendu survient pendant que vous vous occupez de vos autres tâches, vous devez décider quelles tâches doivent être accomplies immédiatement et lesquelles peuvent attendre plus tard. Dans de nombreux cas, demander plus de temps pour tout faire est une bonne idée.

Parfois, vous pouvez avoir un projet qui dépasse vraiment vos capacités. Dans ces cas, la meilleure approche consiste à reconnaître vos limites. Selon les circonstances, vous pouvez demander de l'aide ou déclarer que vous ne pouvez pas le faire.

Une bonne gestion du temps et une reconnaissance claire de vos capacités sont les clés qui vous permettront de réaliser l'impossible. Au lieu de vous sentir accablé par le travail ou stressé par quelque chose que vous êtes tout simplement incapable de faire, vous augmenterez votre énergie et votre estime de soi. Bien que personne ne puisse tout faire, et que personne ne puisse tout faire aussi bien, vous ferez de votre mieux. Cela réduira le sentiment d'être dépassé et vous aidera à être beaucoup plus productif.

6. Motivation accrue

Nous avons tous entendu des gens dire qu'ils n'étaient "pas motivés" comme excuse pour ne pas faire les choses. Dans la plupart des cas, c'est une façon polie de dire qu'ils sont paresseux. Dans le monde réel, où la productivité et le succès sont essentiels, la motivation est un élément clé. Si cela ne vous vient pas naturellement, vous pouvez examiner les moyens d'accroître votre propre motivation et la mettre en pratique chaque jour.

Plus vous êtes motivé, plus vous pouvez faire quelque chose. Une façon d'essayer d'accroître votre motivation est d'apprécier et d'apprécier vos réalisations. Au lieu d'attendre d'avoir atteint votre objectif, commencez par apprécier et apprécier chaque tâche que vous accomplissez en cours de route. Bien qu'il ne faille pas perdre de temps ou se laisser distraire, se donner une tape dans le dos au sens figuré pour des tâches bien et correctement accomplies peut être un excellent moyen d'accroître votre motivation. Vous voudrez en faire plus, et vous voudrez continuer à vous surpasser.

Ce faisant, vous contribuerez également à augmenter votre endurance. Au lieu de vous sentir submergé par un objectif majeur à l'horizon, qui peut vous laisser fatigué et stressé, vous pouvez vous sentir plus énergique et mieux préparé pour la prochaine tâche.

Il est facile pour une personne de perdre son sens de la motivation lorsqu'elle a l'impression de ne rien accomplir. Cela peut vous faire sentir moins bien dans ce que vous faites et encore moins bien dans ce que vous faites. Heureusement, il n'est pas difficile d'inverser ce schéma et d'arriver au sommet. Lorsque vous vous habituerez à vous sentir bien dans chaque tâche que vous accomplirez et à être fier de chaque réalisation, vous serez plus motivé pour en faire encore plus et pour le faire mieux à chaque fois.

Comme votre motivation et votre énergie sont liées, vous constaterez également que vous avez beaucoup plus d'énergie pour toutes les tâches qui vous attendent. Quelle que soit l'importance de votre objectif final ou le temps et le travail qu'il vous faudra consacrer à la réalisation de cet objectif, vous serez agréablement surpris des progrès que vous accomplirez. Au fur et à mesure que votre motivation et votre énergie augmentent, vous en aurez de plus en plus. Vous verrez combien de productivité vous pouvez faire chaque jour.

7. Ne laissez pas les revers vous déprimer!

L'un des plus grands obstacles à la productivité est l'approche que beaucoup de gens adoptent face aux revers. Si vous considérez un revers comme un échec, non seulement vous pouvez limiter votre productivité, mais vous pouvez aussi vous empêcher de faire quelque chose. Cela est vrai dans n'importe quel domaine professionnel, scolaire ou tout autre domaine de la vie. Lorsque vous considérez un revers comme un échec, vous pouvez l'empêcher de continuer. On peut obtenir moins, ou on peut ne rien obtenir du tout.

Des revers se produisent dans tous les domaines de la vie. Quel que soit le type de travail que vous avez, vous en faites probablement l'expérience de manière occasionnelle ou régulière. Les revers peuvent être dus à des erreurs, à une préparation insuffisante à ce que vous devez faire ou à des problèmes inattendus dont personne n'est responsable. La façon dont vous vivez et voyez un revers détermine l'impact qu'il aura sur vous et sur votre productivité.

Toutefois, si un revers se produit, il existe une perspective qui peut empêcher qu'il ne devienne un obstacle et, en fait, augmenter votre productivité. Si le revers est dû à une erreur de votre part, ou si ce n'est la faute de personne, refuser de le considérer comme un échec est la première étape pour le remettre sur les rails.

La deuxième étape consiste à considérer ce revers comme une occasion de s'améliorer la prochaine fois. Si vous avez fait une erreur dans votre travail, la meilleure approche est d'essayer de la corriger et de passer à autre chose. Bien qu'il soit essentiel de ne pas essayer de cacher une erreur, vous ne pouvez pas laisser une erreur vous arrêter. Si vous ne corrigez pas la situation et n'allez pas de l'avant, vous risquez de penser à ce qui s'est passé ou d'en devenir obsédé. Ces comportements ne sont jamais utiles. Non seulement ils vous empêcheront de faire des choses, mais ils vous feront aussi vous sentir mal dans votre peau. Dans le pire des cas, ils peuvent vous faire sentir incompétent. Ce n'est pas la bonne façon de faire les choses.

Considérer chaque revers comme une expérience d'apprentissage est une bien meilleure approche. Vous pouvez vous dire que vous êtes capable de faire mieux et de faire plus. Tant que vous considérez les revers de cette manière, plutôt que les échecs, ils ne vous empêcheront pas d'aller de l'avant. Corrigez l'erreur, tirez-en les leçons et passez à autre chose. Lorsque vous aurez développé ce modèle et que vous en ferez un élément régulier de votre vie professionnelle, les revers ne vous empêcheront pas d'être productif.

8. Soyez axé sur les objectifs

Vous pourriez être surpris de constater combien de personnes ne savent pas ce qu'elles visent dans leur vie professionnelle. D'autre part, vous pourriez être vous-même l'une de ces personnes. Si c'est le cas, il est temps de prendre ses marques. Lorsque vous savez où vous allez, c'est l'une des étapes les plus importantes pour vous assurer d'y arriver.

Lorsque vous vous préparez à aller travailler le matin, quelle est la première pensée qui vous vient à l'esprit concernant votre objectif ? Si vous êtes comme beaucoup de gens, vous n'y pensez pas du tout en termes d'objectif. Vous pensez peut-être plutôt à la quantité de travail que vous aurez à faire ou à la qualité de votre salaire à la fin de la semaine. Si vous changez vos pensées pour un objectif, ce sera beaucoup plus productif.

Selon la nature de votre travail, les objectifs peuvent prendre différentes formes. Vous pouvez avoir quelque chose à produire par vous-même ou faire partie d'une équipe. Vous pouvez avoir un sens très positif de l'autodiscipline, ou vous pouvez très bien travailler en équipe. Quel que soit le résumé de votre place dans votre vie professionnelle, le fait d'être orienté vers un but précis augmentera votre productivité.

Être orienté vers un objectif ne signifie pas forcément se concentrer uniquement sur une grande réalisation. Si vous commencez à y penser comme à une série de petits objectifs, chacun d'entre eux vous apportera deux avantages, qui sont:

- Être plus motivé pour continuer.

- Être plus proche de son objectif.

Rien ne peut être réalisé du jour au lendemain. Tout ce qui en vaut la peine demande du temps, des efforts et du travail. Lorsque vous regardez la distance et les étapes à franchir pour y parvenir, vous verrez bientôt à quel point vous serez plus productif à chaque étape. Le simple fait de suivre le mouvement et de ne pas mettre l'accent sur vos objectifs vous ralentira. Vous n'accomplirez pas grand-chose si vous ne vous concentrez pas sur leur réalisation. Lorsque vous savez où vous allez, c'est le moyen le plus sûr de savoir que vous y arriverez.

9. Faites attention!

Si vous êtes comme la plupart des gens, vous avez probablement déjà travaillé toute la nuit pour faire quelque chose. Vous n'avez peut-être pas dormi, ou mangé, et d'autres facteurs importants dans l'autogestion des soins afin d'accomplir une tâche ou de respecter une échéance. S'il est parfois nécessaire de le faire, négliger de se soigner soi-même de manière régulière ou fréquente sera contre-productif. Votre santé peut en souffrir tant que vous n'atteignez pas presque tout ce que vous espériez.

Prendre soin de vous ne vous permettra pas seulement de rester en bonne santé, mais aussi de rester productif. La personne qui ne dort pas régulièrement, ou qui se nourrit de malbouffe au lieu de manger des repas nutritifs, ne sera pas à la hauteur

physiquement ou mentalement. Vous pensez peut-être que vous vous consacrez à 100 % à votre travail, mais ces habitudes malsaines sont néfastes.

En revanche, si vous dormez suffisamment et que vous avez une alimentation saine, vous aurez plus à donner à votre travail. Lorsque vous êtes en pleine forme, vous vous concentrez mieux, vous êtes plus alerte et vous ne vous fatiguez pas si facilement. Vous ferez mieux et vous ferez plus.

Si votre journée de travail a consisté en de nombreuses tasses de café ou autres stimulateurs d'énergie artificielle, il est temps d'examiner vos habitudes de soins personnels. Si vous trouvez que vous n'avez pas assez dormi et que vous avez compté sur ces produits pour vous maintenir en forme, ou si vous pensez que la bonne nutrition a été remplacée par la malbouffe et les en-cas, il est temps d'évaluer les effets de ces habitudes sur votre santé générale. Il est également temps de réfléchir aux effets que cela peut avoir sur votre travail.

Bien que presque tout le monde soit parfois dans la position de sauter un repas ou de travailler tard le soir, si ces habitudes sont devenues pour vous, il est peu probable qu'elles vous aident à être plus productif. En fait, ils vous retiennent probablement.

Même si vous avez un travail rapide avec beaucoup de responsabilités et de délais, négliger de prendre soin de soi est contre-productif. Lorsque vous commencerez à prendre l'habitude de dormir suffisamment et de manger correctement, vous ferez plus que prendre soin de vous. Vous ferez plus et serez plus satisfait des résultats.

10. Pourquoi s'organiser est essentiel

Si vous y réfléchissez bien, être organisé est l'un des facteurs les plus essentiels pour être productif. Il n'est pas nécessaire d'être extrêmement rigide pour être organisé, mais vous devez être conscient et réfléchir à tout ce qui se passe dans votre journée de travail. Pour faire avancer les choses, il faut s'organiser en fonction de son temps, des fournitures et des équipements utilisés et de ses attentes.

Vous pouvez penser à quelqu'un qui est désorganisé et à la façon dont cela affecte son travail. Vous pouvez vous précipiter de temps en temps dans votre journée de travail, manquer des rendez-vous, ne pas être sûr de ce que vous devez accomplir et être négligent avec les fournitures ou l'équipement avec lesquels vous travaillez pendant la journée. Il s'agit d'une personne qui ne fait pas les choses parce qu'être désorganisé l'empêche d'être productif.

Vous aurez beaucoup plus de succès dans un laps de temps plus court si vous êtes bien organisé. Vous pouvez commencer par établir un calendrier de base de ce qu'il faut faire et quand le faire. Vous pouvez vous assurer que vous savez à l'avance où se trouvent toutes vos fournitures, afin de ne pas perdre de temps à chercher quelque chose quand vous devez l'utiliser.

Il n'est pas difficile d'être organisé avec du temps et des éléments matériels. Cependant, si vous n'avez pas encore cultivé cette habitude, il faudra peut-être un peu de pratique avant de vous sentir complètement naturel. La préparation d'un résumé de votre journée de travail vous aidera à vous rendre là où vous devez être et à faire les choses à temps. En gardant toutes vos fournitures organisées et en ordre, vous éviterez de perdre du temps et de vous sentir frustré de ne pas pouvoir trouver facilement les articles dont vous avez besoin au moment voulu.

Lorsque votre objectif est d'augmenter votre productivité, il est essentiel de faire les choses, de s'organiser. Si vous êtes l'une des nombreuses personnes qui n'ont pas encore développé cette habitude positive, les résultats peuvent vous surprendre. Vous verrez bientôt que vous faites beaucoup plus, que vous travaillez mieux et que vous obtenez des résultats plus satisfaisants. En vous organisant mieux dans tous les aspects de votre vie professionnelle, vous améliorerez considérablement votre productivité.

.

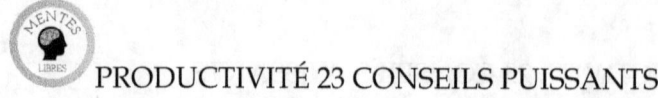

11. Quand vous devez déléguer

Il existe deux types de délégation qui sont négatifs. Les deux peuvent inhiber la productivité, plutôt que de l'augmenter. Si vous reconnaissez certains de ces facteurs dans votre vie professionnelle, vous pouvez commencer à les modifier pour obtenir de meilleurs résultats.

La première forme négative de délégation implique la personne qui veut tout faire elle-même. Si cela peut sembler positif au premier abord, en réalité, ce n'est pas du tout le cas. La personne qui insiste pour faire plus de travail qu'elle ne peut raisonnablement en faire, ou un travail qu'elle n'est pas entièrement capable de faire elle-même, non seulement devient moins productive, mais affecte également la productivité de tous ceux qui comptent sur elle pour faire le travail. Si vous avez peur de demander de l'aide ou si vous êtes tout simplement présomptueux, vous pouvez retarder tous les autres, ainsi que vous-même.

La deuxième forme négative de délégation implique que la personne évite ses propres responsabilités. Vous pouvez demander aux autres de faire des tâches que vous devriez vraiment faire vous-même. Non seulement vous ne portez pas votre propre poids, mais vous prenez le temps précieux des autres.

Une délégation positive a du sens. Lorsque vous reconnaissez que vous ne pouvez pas tout faire, et que vous ne pouvez pas tout faire aussi bien, vous augmentez votre propre productivité ainsi que celle des personnes qui vous entourent.

Lorsque vous avez une tâche ou un projet très important ou difficile, demandez à d'autres personnes de vous aider à faire le travail et à le faire plus rapidement. Au lieu de considérer la délégation comme un aveu de faiblesse ou d'incompétence, vous reconnaissez l'étendue de votre propre rôle et de vos capacités. Cela permettra à d'autres personnes de participer et de contribuer à l'accomplissement du travail.

Déléguer pour faire moins que ce que vous pouvez faire, ou moins que ce que l'on peut raisonnablement attendre de vous, est toujours négatif. Toutefois, lorsque vous êtes confronté à plus de travail que vous ne pouvez raisonnablement en faire par vous-même, ou à un travail que vous ne pouvez pas accomplir seul, déléguer est la solution la plus judicieuse. Lorsqu'un travail doit être fait, et à temps, et bien, le travail d'équipe donnera les meilleurs résultats.

12. Évitez l'épuisement

Il n'y a pas grand-chose qui puisse causer une baisse de productivité aussi facilement que l'épuisement. Bien que vous puissiez être tenté de croire que consacrer chaque instant de votre vie à votre travail est un bon moyen de faire avancer les choses, il y a un autre facteur que vous n'avez peut-être pas pris en compte. Lorsque vous emportez votre travail à la maison, vous augmentez le risque d'épuisement professionnel et vous accomplissez beaucoup moins de choses à long terme.

Cette façon de ramener votre travail à la maison n'implique pas d'effectuer des travaux essentiels pendant votre temps libre. Il s'agit de garder votre travail à l'esprit pendant vos heures de repos. Lorsque vous êtes à la maison ou ailleurs que sur votre lieu de travail, vous pouvez facilement vous sentir dépassé par les événements en gardant cette activité comme principal objectif.

Pendant vos heures libres, vous pouvez passer beaucoup de temps à réfléchir à votre travail. Vous pouvez vous inquiéter de savoir si vous ferez quelque chose à temps ou de la qualité générale de votre travail. Cela peut conduire à être trop stressé, anxieux et accablé. Vous pouvez vous sentir plus fatigué par votre travail lorsque vous y pensez et que vous vous en préoccupez que lorsque vous faites réellement votre travail.

Si vous n'avez pas de travail à terminer après votre journée de travail normale, vous pouvez éviter l'épuisement professionnel en laissant votre travail à la maison. Au lieu de vous stresser à propos de ce que vous devez accomplir le lendemain ou des progrès que vous réalisez dans un domaine sur lequel vous travaillez, essayez d'apprendre à mettre ces pensées et ces préoccupations à leur place.

13. Les fournitures sont un facteur

Vous avez peut-être entendu le vieux dicton selon lequel un bon travailleur prend toujours soin de ses outils. Cela vaut aussi bien pour le travail au bureau que pour le travail à domicile. En gardant toutes vos fournitures en excellent état de fonctionnement et facilement accessibles, vous serez plus productif.

Quel que soit le type de fournitures que vous utilisez au cours de votre journée de travail moyenne, la négligence peut vous ralentir. Vous ne pouvez pas faire un travail efficace si vos fournitures sont cassées, endommagées ou usées par l'usage. Si vous essayez d'utiliser des fournitures qui ne sont pas en bon état, la qualité de votre travail peut en souffrir. Les choses peuvent prendre beaucoup plus de temps à se faire, et elles ne seront pas aussi bonnes qu'elles pourraient l'être avec des fournitures qui sont dans le meilleur état.

Pensez-y de cette manière : si vous essayez de travailler sur un ordinateur qui n'est pas à la hauteur, ou si vous utilisez un outil à main qui est plié ou endommagé, ou encore un équipement de bureau qui s'arrête pendant que vous l'utilisez, votre productivité peut s'arrêter complètement. Vous pouvez vous sentir frustré ou en colère, et peut-être même ne pas faire le travail du tout.

Lorsque toutes vos fournitures, outils et équipements sont conservés dans des conditions idéales, ils sont en meilleure condition pour faire le travail correctement. Votre travail ne sera pas ralenti et vous ne courrez pas le risque d'erreurs dues à un équipement défectueux. De bonnes fournitures en bon état signifient qu'il faut

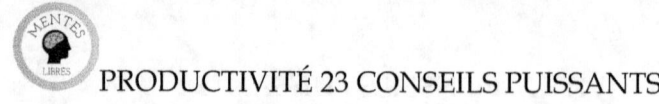

faire les choses et obtenir les meilleurs résultats.

Quelle que soit votre hâte à terminer une tâche et à mettre fin à une journée de travail, prendre quelques minutes pour vous assurer que tout est en bon état vous fera gagner du temps et éliminera toute frustration inutile. Vous pouvez également remplacer les fournitures ou équipements endommagés dès que possible. Vous pouvez aller encore plus loin dans cette nouvelle habitude positive en veillant à ce que toutes vos fournitures et tous vos équipements soient rangés à leur place lorsque vous avez fini de les utiliser. Ces nouvelles habitudes vous seront bénéfiques, ainsi qu'à tous ceux qui utilisent les mêmes fournitures et équipements. Cela rendra votre journée de travail beaucoup plus fluide et vous serez plus productif.

Lorsque vous avez du temps libre, prenez des habitudes positives. Apprendre à se détendre, à participer à des activités récréatives saines et à accorder du temps et de l'attention à ses amis et à sa famille réduira le risque d'épuisement professionnel. Une fois que vous avez commencé à prendre ces habitudes, il ne vous faudra pas longtemps pour en voir les résultats. Vous commencerez chaque nouvelle journée de travail en vous sentant physiquement, émotionnellement et mentalement revigoré. Vous aurez plus à donner à votre travail lorsqu'il sera mis à jour. Vous serez plus motivé, plus énergique et plus productif.

14. Un état d'esprit positif

Rien n'a le pouvoir d'augmenter votre productivité aussi sûrement et facilement qu'une bonne humeur. Même si vous n'avez pas le temps ou l'envie de vous répéter des affirmations pendant la journée de travail, il est essentiel de reconnaître que votre état d'esprit influence et affecte votre productivité.

Si vous avez des problèmes dans votre vie personnelle, plus vous êtes capable de les éviter dans votre travail, plus vous serez performant. Même si quelque chose est particulièrement problématique, vous devez faire tout votre possible pour séparer vos problèmes personnels de votre vie professionnelle. Si vous avez besoin d'aide pour quelque chose, le fait de l'obtenir pendant votre temps libre peut vous éviter d'interférer avec votre travail.

D'autre part, s'il y a quelque chose de négatif dans votre vie professionnelle, il convient de l'aborder et de le traiter le plus rapidement possible. Se sentir dépassé, anxieux, stressé ou débordé ne fera que vous ralentir.

Plus vous pouvez être positif et optimiste, plus vous obtiendrez de résultats. Même si vous êtes confronté à une tâche particulièrement importante ou difficile, une attitude positive peut vous aider à accomplir plus que vous ne le pensiez.

On ne peut rien faire d'un seul coup. Parfois, il faut faire de nombreux petits pas pour faire quelque chose. Parfois, des erreurs et des revers se produisent. Cependant, lorsque vous réalisez que chaque étape vous rapproche de votre objectif, vous êtes sur la bonne voie. Lorsque vous vous dites que chaque petite réalisation est un but en soi, vous vous donnez les encouragements et la motivation dont vous avez besoin pour réussir.

Avoir un état d'esprit positif ne vient pas naturellement à tout le monde. Si vous faites partie des nombreuses personnes qui n'y ont jamais beaucoup réfléchi, c'est le moment idéal pour commencer. Un état d'esprit positif vous permettra d'avoir plus confiance en vous et en vos capacités. Même si la confiance en soi est une expérience relativement nouvelle pour vous, vous en récolterez les fruits en un rien de temps. Vous verrez bientôt combien il est important d'avoir une bonne humeur et vous serez plus satisfait des résultats.

15. Résister à la négativité

La négativité est un gros obstacle à la productivité. Elle garantit également que ce qui est fait n'est ni satisfaisant ni apprécié. Que la négativité à laquelle il faut résister soit la vôtre ou celle de quelqu'un d'autre, plus vite elle sera résolue, plus vite elle reviendra à la normale.

La négativité peut prendre de nombreuses formes, qui sont toutes contre-productives. La négativité peut prendre la forme d'un mépris. Il se peut que vous ne soyez pas sûr de votre capacité à faire le travail ou à le faire bien. Si vous pensez qu'un échec se profile à l'horizon, c'est le moyen le plus sûr d'y parvenir. Vous pouvez résister à la négativité du mépris en vous rappelant votre compétence. Vous devrez peut-être vous entraîner à le faire régulièrement. Si vous ne

laissez pas une lumière négative éclipser vos capacités, vous ne pourrez pas vous arrêter.

La négativité peut également se manifester sous la forme de plaintes. Que vous vous plaigniez de votre travail ou de quelque chose d'autre dans votre vie, ce type de négativité peut affecter votre travail. Se plaindre vous épuise et vous empêche de vous concentrer correctement. Si vous résistez à l'envie de vous plaindre chaque fois que vous en avez envie, vous prendrez des mesures pour éviter que la négativité ne s'installe dans votre vie professionnelle. Au lieu d'être fatigué et grincheux à force de vous plaindre, votre niveau d'énergie sera au mieux de sa forme.

L'inquiétude est une autre forme de négativité. Cela peut vous ralentir et vous rendre moins productif. Bien que cela puisse sembler difficile, une bonne approche consiste à se rappeler que s'inquiéter n'apporte rien. Si le problème est quelque chose que vous pouvez résoudre, le faire le plus rapidement possible réduira votre inquiétude. S'il n'est pas possible de le régler immédiatement, essayez d'oublier le problème pendant que vous travaillez. Vous devrez peut-être même vous dire qu'il ne suffit pas de s'inquiéter pour résoudre un problème. Cela vous aidera à vous concentrer et à mieux vous concentrer.

Si vous trouvez que votre négativité est extrême, il peut être utile de demander une aide extérieure. Vous pouvez apprendre à être dans un meilleur état d'esprit. C'est mieux pour votre santé en général, et aussi pour votre productivité. Plus vous êtes capable de résister à la négativité de façon régulière, plus vous obtiendrez de résultats.

16. Tâches pour votre objectif

Certaines personnes ont l'habitude de considérer leur objectif comme la principale chose à atteindre. Ils peuvent même considérer que c'est la seule chose qu'ils doivent réaliser. Si cela vous semble familier, vous passez à côté de quelque chose de très important qui peut augmenter votre productivité. Si vous considérez chaque tâche à accomplir pour atteindre votre objectif comme quelque chose de très important en vous-même, vos progrès seront beaucoup plus faciles et vous pourrez faire plus.

Une bonne façon d'y réfléchir est de construire une maison. Si vous ne pensez qu'à la maison dans son ensemble, vous passez à côté de toutes les étapes du parcours. La construction d'une maison nécessite de nombreuses étapes. Aucun élément ne peut être omis ou mal fait si vous voulez que la maison soit solide et en excellent état lorsqu'elle sera terminée.

Les objectifs que vous avez dans votre vie professionnelle sont similaires. Quel que soit votre objectif particulier, un certain nombre de mesures doivent être prises pour l'atteindre. Pour obtenir les meilleurs résultats possibles, chaque tâche exige du temps, des efforts, du travail et de la concentration.

Si vous avez un objectif très important devant vous, vous pouvez être tenté de raccourcir certaines des tâches intermédiaires. Vous pouvez même penser que le fait de vous dépêcher dans vos tâches vous aidera à atteindre votre objectif final beaucoup plus rapidement. Ce n'est jamais une bonne approche. Si vous ne faites pas de votre mieux pour chaque tâche, aussi petite soit-elle, le résultat final ne sera pas aussi satisfaisant que vous l'espérez.

Faire de son mieux pour chaque tâche ne signifie pas faire paraître quelque chose plus important qu'il ne l'est en réalité, perdre du temps ou oublier son but ultime. Faire de son mieux signifie s'assurer que chaque tâche que vous effectuez reçoit le temps et l'attention qu'elle mérite. Cela signifie qu'il faut prendre les plus petits emplois aussi au sérieux que les plus gros.

Consacrer suffisamment de temps et d'attention à chacune de vos tâches ne vous ralentira pas. En fait, elle peut vous aider à être mieux motivé pour chaque tâche qui vous attend. Lorsque vous donnez le meilleur de vous-même à tout le monde, aussi petit soit-il, cela augmente vos chances d'être entièrement satisfait du résultat final lorsque vous atteignez vos objectifs les plus importants.

17. À propos de vos collègues et employés

Il existe une tendance qui est populaire dans le monde des affaires d'aujourd'hui. Certaines personnes pensent que la concurrence est le meilleur moyen d'accroître la productivité. Quel que soit votre domaine d'activité, cette approche risque de se retourner contre vous.

Premièrement, le travail d'équipe est bien meilleur que la compétition. Si vous utilisez l'approche selon laquelle chacun travaille pour le bien commun de l'entreprise, vous obtiendrez davantage. Lorsque le sens de la concurrence sera éliminé, chacun voudra contribuer autant que possible, simplement parce que c'est à lui de le faire. Vous n'aurez pas le sentiment de devoir surpasser vos collègues, ce qui renforcera le sentiment de travail en équipe. Lorsque tout le monde travaille en équipe et vise un objectif commun, la productivité augmente.

Deuxièmement, chacun doit sentir qu'il y tient. C'est aussi vrai sur le lieu de travail que partout ailleurs. Le meilleur employé, et celui qui fait le plus, est celui qui croit que son travail est apprécié.

Un autre facteur d'augmentation de la productivité est la réduction du stress, des frictions et des conflits sur le lieu de travail. Lorsqu'il y a des employés qui ne s'entendent pas avec les autres, ou que quelqu'un d'autre fait le travail pour eux, ou qu'il est simplement difficile de côtoyer régulièrement cette ou ces personnes, ce type de problèmes doit être traité le plus rapidement possible.

La productivité est meilleure sur le lieu de travail où tout le monde s'entend. Il ne s'agit pas de perdre du temps avec des conversations et des visites inutiles. Il suffit généralement de reconnaître que tout le monde est là pour le même objectif.

Le lieu de travail doit être un endroit où chaque employé se sent à l'aise. Il devrait être un lieu où chacun sait que ses collègues ont tous les mêmes objectifs en tête. Lorsque chacun sait qu'il est un élément précieux de l'entreprise et de l'équipe, il se sent plus confiant et plus productif.

18. Encouragement personnel

S'encourager en se récompensant tout au long d'une activité peut être une bonne chose. Malheureusement, si elle est mal abordée, elle peut être plus problématique qu'elle ne le mérite. Si vous pensez que vous vous devez des congés, des cadeaux spéciaux ou autre chose de remarquable à chaque fois que vous accomplissez quelque chose, vous vous retrouverez bientôt à accomplir très peu. Au lieu d'y voir une récompense pour un travail bien fait, vous pouvez commencer à penser que vous avez droit à des récompenses ou à des faveurs spéciales pour avoir accompli des tâches qui relèvent de toute façon de votre responsabilité.

C'est pourquoi il n'est généralement pas bon de se donner des petits "plus" pour faire son travail. Elle est encore plus négative si vous attendez une reconnaissance ou une récompense spéciale de votre patron ou de vos collègues pour avoir fait ce que vous êtes censé faire. Se récompenser comme si l'on avait accompli un exploit spectaculaire n'est pas la meilleure façon de faire le travail.

Au contraire, un peu d'encouragement devrait être la seule récompense dont vous avez besoin. Lorsque vous terminez une tâche dans les délais impartis ou que vous réalisez un projet de manière particulièrement réussie, vous pouvez le reconnaître comme une petite mais importante réussite. Lorsque vous appliquez ce genre d'encouragement avec une tape figurative dans le dos, vous vous récompensez pour un travail bien fait. Vous serez également prêt à passer à la tâche ou à l'étape suivante.

Ce concept fonctionne aussi bien si vous travaillez seul ou en groupe. Si personne ne se sent obligé de croire qu'il devrait obtenir une sorte de reconnaissance spéciale pour avoir fait son travail, la priorité sera de faire le travail. Dans les environnements de travail où un certain nombre de personnes travaillent ensemble en tant que groupe, personne ne se sentira plus ou moins important que les autres. Chaque personne se rendra compte qu'on attend d'elle qu'elle apporte quelque chose, sans s'attendre à recevoir quelque chose d'unique pour cela.

En vous encourageant en cours de route, vous garderez le moral et votre sens de la motivation à son maximum. Bien que les grandes réalisations puissent donner lieu à une petite récompense supplémentaire, l'encouragement personnel devrait être la seule récompense nécessaire pour faire votre travail.

19. Résister au sur-étirement

Il y a deux façons d'aller trop loin. Vous pouvez faire plus de travail que vous n'êtes raisonnablement capable d'en faire ; ou vous pouvez vous charger d'un travail qui dépasse vos capacités. Les deux peuvent surcharger votre énergie, vous faire sentir frustré et vous décourager beaucoup. Ils ont également pour conséquence d'être moins productifs.

Vous connaissez peut-être des personnes qui sont dépendantes du travail. Ce type de personnes, qui continuent à travailler même longtemps après avoir quitté leur lieu de travail, peuvent avoir le sentiment qu'elles ont toujours quelque chose d'autre à faire, de nombreuses heures après avoir quitté leur emploi. Ces sujets peuvent avoir le sentiment qu'aucun travail ne sera fait ou qu'il ne sera pas fait correctement s'ils ne le font pas eux-mêmes.

Si vous êtes cette personne, c'est le bon moment pour évaluer vos habitudes de sur-extension. Bien que vous souhaitiez probablement être prudent et mener à bien tout ce qui relève de votre responsabilité, vous ne serez pas plus productif si vous vous surchargez. Elle peut avoir exactement l'effet inverse.

En vous prolongeant trop régulièrement, vous vous épuiserez et votre santé en pâtira. Se laisser aller à cette situation peut affecter votre capacité à vous concentrer. Vous pouvez commencer à faire des erreurs inutiles ou à être oublieux. Vous ne pourrez pas en faire autant que vous l'espériez.

Vous pouvez résister à la tentation de vous surcharger en étant raisonnable tant par rapport à vos capacités que par rapport à votre temps. Même si vous travaillez sur un projet très important, vous ne pouvez pas mettre "24/7" dessus et vous attendre à ce qu'il se déroule bien. Vous devez prendre un temps raisonnable pour vous reposer, manger et faire de l'exercice, et même des loisirs, afin d'être dans les meilleures conditions pour faire le travail.

Il peut également être contre-productif de se surpasser lorsqu'on essaie de faire un travail qui dépasse ses capacités. Si vous n'êtes pas pleinement qualifié pour le faire, cela ne fonctionnera pas. Plutôt que de vous surcharger avec quelque chose que vous savez ne pas pouvoir faire, il est préférable de le confier à quelqu'un qui est réellement qualifié pour le faire correctement.

Il n'est pas nécessaire de se décourager pour son travail. Si vous vous efforcez de ne pas

trop en faire, vous serez plus productif que si vous essayez de tout prendre sur vous.

20. Pourquoi avez-vous besoin de déstresser

Le stress a de nombreux résultats, et aucun d'entre eux n'est positif. Les résultats du stress peuvent entraver le travail. Même si un travail est terminé, les résultats du stress peuvent minimiser votre sentiment d'accomplissement et de satisfaction. Lorsque vous déstresserez, vous ferez de votre mieux et apprécierez le résultat.

Comme chaque personne est un individu, il peut être utile de déterminer les meilleurs moyens de se détendre. Une pause café, une marche rapide ou le fait de penser à quelque chose de complètement différent pendant quelques minutes sont autant de moyens qui peuvent vous être utiles. Votre propre personnalité et vos besoins individuels devraient être les facteurs déterminants. Une méthode qui fonctionne pour une personne ne fonctionne pas nécessairement aussi bien pour la suivante.

Si vous n'enlevez pas votre stress quand vous en avez besoin, vous ne ferez pas grand-chose. Le stress peut vous empêcher de vous concentrer, vous laissant vous concentrer sur autre chose que la tâche à accomplir. Un stress trop important, surtout s'il est prolongé, peut entraîner de la fatigue et des maladies physiques. En plus de provoquer des maux de tête et un sentiment général de malaise, un stress prolongé a même le pouvoir d'affaiblir votre système immunitaire. Dans le pire des cas, un stress extrême et prolongé peut entraîner des complications médicales.

Lorsque le stress a le pouvoir de causer tous ces problèmes, il devrait être facile de voir comment il peut affecter votre travail. C'est pourquoi il ne faut pas considérer la déstresser quand c'est nécessaire comme un luxe, un non-sens ou une perte de temps.

Il ne faut pas considérer la déstressante comme une excuse. Une fois que vous avez commencé à évaluer les effets du stress sur votre vie professionnelle, il ne devrait pas être difficile de déterminer quand la nécessité d'éliminer le stress se fait sentir. Cependant, ni vous ni votre travail ne pouvez vous permettre d'utiliser la déstressante comme excuse pour être paresseux ou irresponsable. Une courte pause pour le type de méthode anti-stress qui vous convient le mieux devrait réduire ou atténuer votre stress. Lorsque vous n'êtes pas submergé par le stress, il vous sera plus facile de vous concentrer sur ce que vous faites et de le faire.

21. Définissez et classez vos priorités

Quand vous êtes au travail, presque tout ce que vous faites est important. Toutefois, le fait de fixer et de classer vos priorités vous aidera à garder les choses dans leur juste perspective. C'est une façon positive de faire les choses.

Fixer et hiérarchiser les priorités signifie reconnaître que certaines tâches demandent plus de temps que d'autres, et que certaines tâches demandent plus de travail que d'autres. Si vous faites l'erreur d'essayer d'allouer le même temps à chaque tâche, vous allez ralentir et ne pas accomplir autant que vous le devriez.

Bien que vous vouliez faire de votre mieux pour chaque tâche, déterminer lesquelles nécessiteront plus de temps et d'efforts est une approche beaucoup plus productive que d'essayer de tout voir tel quel.

Fixer et classer vos priorités signifie également déterminer quelles tâches doivent être accomplies en premier lieu. Vous vous rendez peut-être compte que c'est tout à fait logique, mais cela ne se passe souvent pas ainsi. Il se peut qu'un très grand projet se profile à l'horizon qui nécessitera beaucoup plus de temps et d'efforts que les projets plus petits que vous avez en main. Il y en a peut-être une qui comporte un délai important, ou même une date limite. Dans de tels cas, vous avez peut-être été tenté de faire d'abord les tâches les plus petites et les plus faciles.

Lorsque vous classez vos priorités, vous pouvez commencer par décider quel travail ou projet requiert votre attention en premier lieu. Cette méthode permettra non seulement de s'assurer que le travail est fait, mais aussi que vous l'accomplissez sans être suffisamment motivé pour le faire correctement. Comme nous l'avons dit plus haut dans ce livre sur le fait d'accepter les emplois les plus difficiles en premier, plus vite vous commencez un travail avec une date limite, plus vous avez de chances de le terminer à temps.

Définir et classer vos priorités n'est pas une tâche difficile ou qui prend du temps. Si vous commencez chaque journée de travail par un bref résumé de tout ce que vous devez accomplir, vous pouvez attribuer une priorité absolue aux tâches qui doivent être accomplies en premier lieu. Toute votre journée de travail sera beaucoup plus fluide et vous pourrez faire plus.

22. Faites preuve de bonnes compétences en communication

Que vous travailliez seul ou dans un bureau très occupé, de bonnes aptitudes à la communication devraient faire partie de votre quotidien professionnel. Plus vous savez comment développer ces compétences, plus vous serez en mesure d'agir. En retour, tous ceux avec qui vous travaillez peuvent être plus productifs.

Il convient de rappeler à certaines personnes que pour bien communiquer, il faut savoir faire la différence entre une communication réussie et un temps inutile. Vous avez peut-être quelqu'un dans votre bureau qui aime "rendre visite" à ses collègues toute la journée, ou qui semble toujours parler au téléphone. Ce type d'activité sociale n'est pas approprié pour le lieu de travail. Elle empêche le travail d'être fait.

Les bonnes aptitudes à la communication sur le lieu de travail peuvent généralement être résumées en deux catégories. Il y a le type de communication qui doit être aussi directe et brève que possible. Vous pouvez dire ce que vous avez à dire, poser une question ou clarifier quelque chose, sans perdre votre propre temps ou celui de l'autre personne. L'autre type de communication consiste à donner, recevoir ou échanger des informations. Vous pouvez avoir besoin d'informer quelqu'un sur un aspect de votre travail ou demander une explication détaillée d'un projet. Dans la plupart des cas, ce sont les seules formes de communication qui améliorent le lieu de travail et augmentent la productivité.

De bonnes compétences en matière de communication impliquent également d'être réceptif et d'écouter ce que dit l'autre personne. Attendre simplement son tour pour parler est une habitude négative qui aurait dû être éliminée dans l'enfance. Si vous n'avez pas encore pris l'habitude d'avoir de bonnes capacités d'écoute, il peut être utile de pratiquer cette habitude pendant votre temps libre. Si vous prenez occasionnellement un déjeuner ou faites une pause avec vos collègues, ce peut être un excellent moment pour développer vos capacités d'écoute.

La pratique de bonnes techniques de communication sur le lieu de travail permet de gagner du temps. Lorsque les questions, les réponses et les explications sont entièrement reçues lors de votre première intervention, la nécessité de répéter est éliminée. Cela permet également de faire comprendre à l'autre personne que ce que vous dites a de la valeur. Lorsque tout le monde sera "sur la même longueur d'onde", tout le monde en fera plus.

23. Les stratégies sont appropriées partout!

Lorsque vous entendez le mot "productivité", la première chose qui vous vient à l'esprit est probablement votre travail et le lieu de travail. La bonne nouvelle est que toutes ces stratégies d'augmentation de la productivité conviennent également à d'autres "lieux" de la vie. Ils sont tout aussi utiles pour les étudiants qui veulent en faire plus avec leur travail à l'université ou au lycée, et même pour les femmes au foyer qui ne semblent jamais avoir assez de temps pour faire tout ce qui doit être fait.

Il n'y a que vingt-quatre heures dans une journée. Cela est vrai pour tout le monde. Dans l'intérêt de votre santé et de votre bien-être général, un certain nombre de ces heures devraient être consacrées au sommeil, aux loisirs et à d'autres habitudes importantes liées à la santé. Bien que cela laisse encore de nombreuses heures dans la journée pour faire les choses, votre temps peut être mal orienté ou gaspillé si vous le permettez, ou si vous n'êtes pas sûr de savoir comment gérer au mieux ces heures.

Les stratégies pour faire avancer les choses se concentrent sur la meilleure façon de gérer vos heures de travail pour une productivité optimale. Lorsque vous apprendrez à ne pas perdre de temps et à tirer le meilleur parti de chaque heure et de chaque jour, vous en ferez plus. Au lieu de vous sentir stressé, surmené, ce qui peut conduire à des résultats moins que satisfaisants, les résultats que vous obtiendrez seront de véritables réalisations.

L'élaboration et la mise en pratique de ces stratégies pour faire avancer les choses ne vous demanderont pas beaucoup de temps ni d'efforts. Un peu de motivation, et la volonté de commencer à le mettre en pratique, c'est vraiment tout ce dont vous avez besoin. Non seulement vous aurez l'air de plus en plus productif, mais vous verrez aussi chaque jour comme l'un de vos meilleurs moments.

Visitez notre site web! Obtenez d'autres livres de MENTES LIBRES!

https://www.amazon.fr/MENTES-LIBRES/e/B08274DDV4?ref_=dbs_p_ebk_r00_abau_000000

Si vous le souhaitez, vous pouvez laisser votre commentaire sur ce livre en cliquant sur le lien suivant afin que nous puissions continuer à nous développer! Merci beaucoup pour votre achat!

https://www.amazon.fr/dp/B089B61QN6

www.ingramcontent.com/pod-product-compliance
Lightning Source LLC
Chambersburg PA
CBHW050251220526
45465CB00002B/630